Min tvåspråkiga bilderbok
O meu livro ilustrado bilíngue

Sefas vackraste barnsagor i en volym

Ulrich Renz • Barbara Brinkmann:

Sov gott, lilla vargen · Dorme bem, lobinho
För barn från 2 år

Cornelia Haas • Ulrich Renz:

Min allra vackraste dröm · O Meu Sonho Mais Bonito
För barn från 2 år

Ulrich Renz • Marc Robitzky:

De vilda svanarna · Os Cisnes Selvagens
Efter en saga av Hans Christian Andersen
För barn från 5 år

© 2024 by Sefa Verlag Kirsten Bödeker, Lübeck, Germany. www.sefa-verlag.de

Special thanks to Paul Bödeker, Freiburg, Germany

All rights reserved.

ISBN: 9783756305421

Läsa · Lyssna · Förstå

Sov gott, lilla vargen

Dorme bem, lobinho

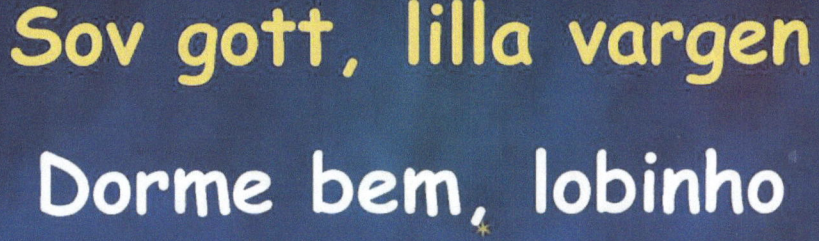

Ulrich Renz / Barbara Brinkmann

svenska · tvåspråkig · portugisiska

Översättning:

Katrin Bienzle Arruda (svenska)

Maria Rosa Kretschel (portugisiska)

Ljudbok och video:

www.sefa-bilingual.com/bonus

Fri tillgång med lösenordet:

svenska: `LWSV2831`

portugisiska: `LWPT2529`

God natt, Tim! Vi fortsätter att leta imorgon.
Sov nu så gott!

Boa noite, Tim! Amanhã continuamos a procurar.
Dorme bem agora!

Det är redan mörkt ute.

Lá fora já está escuro.

Vad gör Tim där?

O que é que o Tim está a fazer?

Han går ut till lekplatsen.
Vad är det han letar efter?

Ele sai para o parque infantil.
O que é que ele procura lá?

Den lilla vargen!
Han kan inte sova utan den.

O lobinho!
Sem ele, o Tim não consegue dormir.

Vem är det nu som kommer?

Quem é que está a chegar?

Marie! Hon letar efter sin boll.

A Marie! Ela está à procura da sua bola.

Och vad letar Tobi efter?

E o que é que o Tobi procura?

Sin grävmaskin.

A sua escavadeira.

Och vad letar Nala efter?

E a Nala, o que é que ela procura?

Sin docka.

A sua boneca.

Måste inte barnen gå och lägga sig?
Undrar katten.

Estas crianças não deviam ir já para a cama?
O gato está muito admirado.

Vem kommer nu?

E quem é que está a chegar agora?

Tims mamma och pappa!
Utan deras Tim kan de inte sova.

A mamã e o papá do Tim!
Sem o seu Tim, eles não conseguem dormir.

Och nu kommer ännu fler! Maries pappa. Tobis morfar. Nalas mamma.

E aparecem ainda mais pessoas! O papá da Marie. O avô do Tobi. E a mamã da Nala.

Nu skyndar vi oss i säng!

Agora depressinha para a cama!

God natt, Tim!
Imorgon behöver vi inte leta mer!

Boa noite, Tim!
Amanhã já não precisamos de procurar.

Sov gott, lilla vargen!

Dorme bem, lobinho!

Cornelia Haas • Ulrich Renz

Min allra vackraste dröm
O Meu Sonho Mais Bonito

Översättning:

Narona Thordsen (svenska)

Daniela Carneiro Lino (portugisiska)

Ljudbok och video:

www.sefa-bilingual.com/bonus

Fri tillgång med lösenordet:

svenska: **BDSV2831**

portugisiska: **BDPT2529**

Min allra vackraste dröm
O Meu Sonho Mais Bonito

Cornelia Haas · Ulrich Renz

svenska   tvåspråkig   portugisiska

Lulu kan inte somna. Alla andra drömmer redan – hajen, elefanten, den lilla musen, draken, kängurun, riddaren, apan, piloten. Och lejonungen. Även björnen kan nästan inte hålla ögonen öppna ... Du björn, kan du ta med mig in i din dröm?

Lulu não consegue adormecer. Todos os outros já estão a sonhar – o tubarão, o elefante, a ratinha, o dragão, o canguru, o cavaleiro, o macaco, o piloto. E o leãozinho. Até os olhos do urso estão quase a fechar...

Ei, ursinho, levas-me contigo para o teu sonho?

Och med det så finner sig Lulu i björnarnas drömland. Björnen fångar fisk i Tagayumisjön. Och Lulu undrar, vem skulle kunna bo där uppe i träden? När drömmen är slut vill Lulu uppleva ännu mer. Följ med, vi hälsar på hajen! Vad kan han drömma om?

E assim, Lulu chegou à terra dos sonhos dos ursos. O urso está a apanhar peixe no lago Tagayumi. E Lulu pergunta-se: quem poderá viver lá em cima nas árvores?

Quando o sonho chega ao fim, Lulu quer viver outra aventura. Vem comigo, vamos visitar o tubarão! Com o que estará ele a sonhar?

Hajen leker tafatt med fiskarna. Äntligen har han vänner! Ingen är rädd för hans spetsiga tänder.

När drömmen är slut vill Lulu uppleva ännu mer. Följ med, vi hälsar på elefanten! Vad kan han drömma om?

O tubarão joga às caçadinhas com os peixes. Finalmente tem amigos! Ninguém tem medo dos seus dentes afiados.

Quando o sonho chega ao fim, Lulu quer viver outra aventura. Vem comigo, vamos visitar o elefante! Com o que estará ele a sonhar?

Elefanten är lika lätt som en fjäder och kan flyga! Snart landar han på den himmelska ängen.

När drömmen är slut vill Lulu uppleva ännu mer. Följ med, vi hälsar på den lilla musen! Vad kan hon drömma om?

O elefante é leve como uma pena e pode voar! Está prestes a aterrar no prado celestial.

Quando o sonho chega ao fim, Lulu quer viver outra aventura. Vem comigo, vamos visitar a ratinha! Com o que estará ela a sonhar?

Den lilla musen är på ett tivoli. Mest gillar hon berg- och dalbanan. När drömmen är slut vill Lulu uppleva ännu mer. Följ med, vi hälsar på draken. Vad kan hon drömma om?

A ratinha dá uma volta pelo parque de diversões. A sua parte preferida é a montanha-russa.

Quando o sonho chega ao fim, Lulu quer viver outra aventura. Vem comigo, vamos visitar o dragão! Com o que estará ele a sonhar?

Draken är törstig av att ha sprutat eld. Hon skulle vilja dricka upp hela sockerdrickasjön.

När drömmen är slut vill Lulu uppleva ännu mer. Följ med, vi hälsar på kängurun! Vad kan hon drömma om?

O dragão tem sede por ter cuspido fogo. Ele gostaria de beber o lago inteiro de limonada!

Quando o sonho chega ao fim, Lulu quer viver outra aventura. Vem comigo, vamos visitar o canguru! Com o que estará ele a sonhar?

Kängurun hoppar genom godisfabriken och stoppar sin pung full. Ännu fler av de blåa karamellerna! Och ännu fler klubbor! Och choklad!
När drömmen är slut vill Lulu uppleva ännu mer. Följ med, vi hälsar på riddaren. Vad kan han drömma om?

O canguru salta pela fábrica de doces e enche a sua bolsa. Ainda mais rebuçados azuis! E mais chupa-chupas! E chocolate!

Quando o sonho chega ao fim, Lulu quer viver outra aventura. Vem comigo, vamos visitar o cavaleiro! Com o que estará ele a sonhar?

Riddaren har tårtkrig med sin drömprinsessa. Oj! Gräddtårtan missar! När drömmen är slut vill Lulu uppleva ännu mer. Följ med, vi hälsar på apan! Vad kan han drömma om?

O cavaleiro está a fazer uma batalha de bolos com a sua princesa de sonho. Ups! O bolo de chantilly falhou o alvo!
Quando o sonho chega ao fim, Lulu quer viver outra aventura. Vem comigo, vamos visitar o macaco! Com o que estará ele a sonhar?

Äntligen har det snöat i aplandet! Hela apgänget är helt uppspelta och gör rackartyg.

När drömmen är slut vill Lulu uppleva ännu mer. Följ med, vi hälsar på piloten! I vilken dröm kan han ha landat i?

Finalmente nevou na Terra dos Macacos! Todo o bando está fora de si e a fazer macacadas.

Quando o sonho chega ao fim, Lulu quer viver outra aventura. Vem comigo, vamos visitar o piloto! Em que sonho terá aterrado?

Piloten flyger och flyger. Ända till världens ände och ännu längre, ända till stjärnorna. Ingen pilot har någonsin klarat av detta tidigare.

När drömmen är slut så är alla väldigt trötta och känner inte för att uppleva mycket mer. Men lejonungen vill de fortfarande hälsa på. Vad kan hon drömma om?

O piloto voa e voa. Até aos confins da terra e ainda mais além, até às estrelas. Nunca nenhum outro piloto o conseguiu.
Quando o sonho chega ao fim, já todos estão muito cansados e não querem viver mais aventuras. Mas continuam a querer visitar o leãozinho. Com o que estará ele a sonhar?

Lejonungen har hemlängtan och vill tillbaka till sin varma mysiga säng.
Och de andra med.

Och där börjar ...

O leãozinho tem saudades de casa e quer voltar para a sua cama quentinha e aconchegante.
E os outros também.

E assim começa ...

... Lulus
allra vackraste dröm.

... o mais bonito sonho de Lulu.

Ulrich Renz • Marc Robitzky

De vilda svanarna
Os Cisnes Selvagens

Översättning:

Narona Thordsen (svenska)

Maria Rosa Kretschel (portugisiska)

Ljudbok och video:

www.sefa-bilingual.com/bonus

Fri tillgång med lösenordet:

svenska: **WSSV2831**

portugisiska: **WSPT2529**

Ulrich Renz · Marc Robitzky

De vilda svanarna

Os Cisnes Selvagens

Efter en saga av

Hans Christian Andersen

svenska — tvåspråkig — portugisiska

Det var en gång tolv kungabarn—elva bröder och en storasyster, Elisa. De levde lyckliga i ett underbart vackert slott.

Era uma vez doze filhos de um rei—onze irmãos e uma irmã mais velha, chamada Elisa. Viviam felizes num maravilhoso palácio.

En dag dog modern, och efter en tid gifte sig kungen på nytt. Men den nya kvinnan var en elak häxa. Hon förtrollade de elva prinsarna så att de blev svanar och skickade dem långt bort till ett fjärran land bakom den stora skogen.

Um dia, a mãe morreu e, pouco tempo depois, o pai decidiu voltar a casar. Mas a nova mulher era uma bruxa malvada. Ela transformou os onze príncipes em cisnes e expulsou-os para muito longe, para um país distante do outro lado da grande floresta.

Flickan klädde hon i trasor och smörjde in henne med en ful salva i ansiktet så att den egna fadern inte längre kände igen henne och jagade bort henne från slottet. Elisa sprang in i den mörka skogen.

A madrasta vestiu à Elisa uma roupa esfarrapada e untou-lhe o rosto com uma horrível pomada, de tal maneira que o próprio pai não reconheceu a menina e expulsou-a do palácio. Elisa correu para o bosque sombrio.

Nu var hon helt ensam och längtade efter hennes försvunna bröder med hela sitt hjärta. När det blev kväll bäddade hon en säng av mossa under träden.

Estava agora completamente sozinha e com uma imensa saudade dos seus irmãos desaparecidos. Quando a noite caiu, ela deitou-se numa cama de musgo por baixo das árvores.

Nästa morgon kom hon fram till en lugn sjö och blev förskräckt när hon däri såg sin spegelbild. Men efter att hon hade tvättat sig var hon det vackraste kungabarnet på jorden.

Na manhã seguinte, ela chegou a um lago sereno e assustou-se quando viu o seu próprio rosto refletido na água. Mas, depois de se lavar, não havia no mundo uma princesa mais bela.

Efter många dagar nådde Elisa det stora havet. På vågorna gungade elva svanfjädrar.

Passados muitos dias, Elisa chegou ao grande mar. Onze penas de cisne balançavam sobre as ondas.

När solen gick ner hördes ett sus i luften och elva vilda svanar landade på vattnet. Elisa kände genast igen sina förtrollade bröder. Men för att dom talade svanspråket kunde hon inte förstå dem.

Quando o sol se pôs, ouviu-se um farfalhar de asas e onze cisnes selvagens pousaram na água. Elisa reconheceu logo os seus irmãos enfeitiçados. Mas, como estes falavam a língua dos cisnes, ela não os podia compreender.

På dagen flög svanarna bort, under natten kurade syskonen ihop sig i en grotta.

En natt hade Elisa en besynnerlig dröm: Hennes mor sade till henne hur hon kunde befria sina bröder. Av nässlor skulle hon sticka en skjorta för varje svan och dra den över den. Men tills dess får hon inte tala ett enda ord, annars måste hennes bröder dö.
Elisa började genast med arbetet. Trots att hennes händer sved som brända med eld stickade hon outtröttligt.

Durante o dia, os cisnes voavam para longe e, à noite, os doze irmãos dormiam aconchegados uns aos outros dentro de uma gruta.

Uma noite, a Elisa teve um estranho sonho: a mãe contou-lhe o que ela podia fazer para libertar os irmãos do feitiço. Com urtigas, uma planta que queima e irrita a pele, ela devia tecer túnicas e atirar uma sobre cada um dos onze cisnes. Até estar pronta, ela não poderia dizer nem uma só palavra, pois a vida dos seus irmãos dependia do seu silêncio.
Elisa começou logo a trabalhar com afinco. Embora a pele das mãos ardesse como fogo, ela não parou de tecer.

En dag ljöd jakthorn i fjärran. En prins kom ridande med sitt följe och stod snart framför henne. När de såg in i varandras ögon blev de förälskade i varandra.

Um dia, soaram ao longe cornetas de caça. Um príncipe cavalgou até ela com o seu séquito de caçadores. Logo que pousaram os olhos um no outro, foi amor à primeira vista.

Prinsen lyfte upp Elisa på sin häst och red med henne till sitt slott.

O príncipe ajudou Elisa a montar no seu cavalo e cavalgou com ela para o seu palácio.

Den mäktige skattmästaren var allt annat än glad över ankomsten av den stumma vackra. Hans egen dotter skulle bli prinsens brud.

A chegada da bela rapariga silenciosa não agradou nada ao poderoso tesoureiro. Tinha planeado que a sua própria filha fosse a noiva do príncipe.

Elisa hade inte glömt sina bröder. Varje kväll fortsatte hon att arbeta med skjortona. En natt gick hon ut till kyrkogården för att hämta färska nässlor. Samtidigt blev hon hemligt iakttagen av skattmästaren.

A Elisa não tinha esquecido os seus irmãos. Todos os serões, continuava a tecer as túnicas. Uma noite, saiu para o cemitério para colher novas urtigas e foi observada, às escondidas, pelo tesoureiro.

Så snart som prinsen var på en jaktutflykt lät skattmästaren slänga Elisa i fängelsehålan. Han hävdade att hon var en häxa som mötte andra häxor på natten.

Assim que o príncipe partiu para uma expedição de caça, o tesoureiro mandou prender Elisa numa cela. Acusou-a de ser uma bruxa e de se encontrar com outras bruxas à noite.

I gryningen blev Elisa hämtad av vakterna. Hon skulle brännas på torget.

De madrugada, os guardas foram buscá-la. Elisa iria ser queimada na praça.

De hade knappast kommit fram när plötsligt elva vita svanar kom flygande. Snabbt drog Elisa en nässelskjorta över var och en. Snart stod alla hennes bröder framför henne som människofigurer. Bara den yngsta, vars skjorta inte hade blivit helt färdig, behöll en vinge istället för en arm.

Logo que lá chegou, onze cisnes brancos voaram para junto dela. Elisa despachou-se a atirar as túnicas sobre os cisnes. De imediato, os seus irmãos recuperaram a sua figura humana. Só o mais novo, cuja túnica Elisa não tinha conseguido terminar, ficou com uma asa no lugar de um braço.

Syskonens kramande och pussande hade inte tagit slut än när prinsen kom tillbaka. Äntligen kunde Elisa förklara alltihopa. Prinsen lät den elake skattmästaren slängas i fängelsehålan. Och sedan firade de bröllop i sju dagar.

Och så levde de lyckliga i alla sina dagar.

Os irmãos ainda se estavam a beijar e a abraçar quando o príncipe voltou. Elisa podia, finalmente, explicar-lhe tudo. O príncipe mandou prender o malvado tesoureiro. Depois disso, as celebrações do casamento duraram sete dias.

E viveram todos felizes para sempre.

Hans Christian Andersen

Hans Christian Andersen was born in the Danish city of Odense in 1805, and died in 1875 in Copenhagen. He gained world fame with his literary fairy-tales such as „The Little Mermaid", „The Emperor's New Clothes" and „The Ugly Duckling". The tale at hand, „The Wild Swans", was first published in 1838. It has been translated into more than one hundred languages and adapted for a wide range of media including theater, film and musical.

Barbara Brinkmann föddes i München (Tyskland) år 1969. Hon studerade arkitektur i München och arbetar för närvarande vid Institutionen för Arkitektur vid München tekniska universitet. Hon arbetar också som grafisk formgivare, illustratör och författare.

Cornelia Haas föddes 1972 nära Augsburg (Tyskland). Efter utbildningen som skylt- och ljusreklamtillverkare studerade hon design vid Münster yrkeshögskola och utexaminerades som diplom designer. Sedan 2001 illusterar hon barn- och ungdomsböcker, sedan 2013 undervisar hon i akryl- och digitalmålning vid Münster yrkeshögskola.

Marc Robitzky, born in 1973, studied at the Technical School of Art in Hamburg and the Academy of Visual Arts in Frankfurt. He works as a freelance illustrator and communication designer in Aschaffenburg (Germany).

Ulrich Renz föddes 1960 i Stuttgart (Tyskland). Efter att ha studerat fransk litteratur i Paris tog han läkarexamen i Lübeck och var chef för ett vetenskapligt förlag. Idag är Renz frilansförfattare, förutom faktaböcker skriver han barn- och ungdomsböcker.

Gillar du att måla?

Här kan du hitta bilderna från berättelsen för färgläggning:

www.sefa-bilingual.com/coloring

www.ingramcontent.com/pod-product-compliance
Lightning Source LLC
LaVergne TN
LVHW070445080526
838202LV00035B/2735